Ordonnance
concernant les théâtres
———
Avril 1908.

TABLE ANALYTIQUE

Articles.

TITRE V. — **Eclairage.**

TITRE VI. — **Secours contre l'incendie.**

TITRE VII. — **Dispositions spéciales à certaines attractions.**

TITRE VIII. — **Mesures d'ordre et de police.**

TITRE IX. — **Dispositions exceptionnelles. — Mesures d'exécution.**

PARIS. — IMPRIMERIE CHAIX (SUCC. B), 11, BOULEVARD SAINT-MICHEL. — 2026-08.

PRÉFECTURE DE POLICE

ORDONNANCE

CONCERNANT LES

Théâtres, Cafés-Concerts et autres Spectacles publics.

Paris, le 10 août 1908.

NOUS, Préfet de Police,

Vu la loi des 16-24 août 1790 (titre XI), celle des 19-22 juillet 1791 (titre Ier, art. 46), les arrêtés du 12 messidor an VIII, du 3 brumaire an IX et la loi du 10 juin 1853 ;

Vu l'arrêté du Directoire du 1er germinal an VII, le décret du 6 janvier 1864, la loi du 7 décembre 1874 et la loi du 2 novembre 1892 ;

Vu l'article 471, § 15 du Code pénal;

Vu la circulaire ministérielle du 6 janvier 1864 ;

Vu les délibérations de la Commission supérieure des Théâtres en date des 2 mai, 2, 11, 18, 23, 30 juin et 7 juillet 1908;

ORDONNONS ce qui suit :

TITRE PREMIER

DISPOSITIONS GÉNÉRALES

CHAPITRE PREMIER

Formalités préliminaires.

ARTICLE PREMIER.

Toute personne qui voudra construire ou exploiter un établissement où seront donnés des spectacles, représentations théâtrales, concerts, exhibitions, bals, divertissements quelconques comportant l'admission du public devra adresser une demande à la Préfecture de Police.

Exception est faite pour les théâtres visés par le décret du 6 janvier 1864, dont la construction et l'exploitation doivent faire l'objet d'une déclaration préalable, tant au Ministère de l'Instruction publique et des Beaux-Arts qu'à la Préfecture de Police.

ART. 2.

A la demande ou à la déclaration, devront être joints des plans détaillés, des coupes et élévations à l'échelle de $0^m,02$ pour un mètre. Ces plans indiqueront, par étages et par espèces, le nombre des places et la largeur des dégagements mis à la disposition du public. Ces plans seront fournis en triple expédition et seront signés.

Les intéressés devront, en outre, fournir les plans, notices, etc., relatifs à l'installation électrique de l'établissement, conformément au titre V de la présente ordonnance.

La Préfecture de Police notifiera aux intéressés l'acceptation ou le refus des plans, ou, s'il y a lieu, indiquera les modifications à y apporter.

Art. 3.

Les travaux ne devront être commencés qu'après approbation des plans définitifs et aucune modification ne devra être apportée en cours de construction, si elle ne Nous a été soumise et n'a été acceptée par Nous.

Art. 4.

Avant toute autorisation d'ouverture d'un établissement au public, il sera procédé à une visite de réception par la Préfecture de Police, qui s'assurera de la concordance des plans et de l'exécution et prescrira les modifications de détail reconnues nécessaires.

Art. 5.

Aucun changement ne pourra être apporté dans la construction et l'aménagement d'un établissement existant sans que ces modifications aient été acceptées par Nous. Pour ces modifications, les propriétaires ou les exploitants devront satisfaire aux formalités définies aux articles 2 et 3 ci-dessus.

CHAPITRE II

Division des établissements.

Art. 6.

Les établissements définis à l'article 1er sont divisés en trois catégories suivant les dangers que peuvent présenter les installations et aménagements de la scène :

Sont de la 1re catégorie :

Les établissements ayant une scène machinée avec dessus et dessous.

Sont de la 2e catégorie :

Les établissements ayant une scène non machinée sans dessus ni dessous.

Cette catégorie comprend également les cirques, les hippodromes, les vélodromes et les autres établissements analogues qui n'ont pas de scène, mais une piste pouvant recevoir des décors, des praticables et des accessoires de scène.

Sont de la 3ᵉ catégorie :

Les établissements n'ayant pas de scène, mais pouvant comporter une simple estrade fixe ou mobile.

La classification d'un établissement dans une catégorie est déterminée par la destination habituelle de cet établissement. Elle pourra être modifiée si l'établissement change de destination et remplit les conditions applicables à une autre catégorie.

TITRE II

CONSTRUCTION ET AMÉNAGEMENT GÉNÉRAL

CHAPITRE PREMIER

Mesures d'isolement.

ART. 7.

Tous les établissements de la 1ʳᵉ catégorie et ceux des 2ᵉ et 3ᵉ catégories pouvant contenir au moins 500 personnes devront avoir, à chaque étage, sur une ou plusieurs rues, une façade d'au moins 6 mètres de largeur.

La largeur des façades sera augmentée à raison d'un mètre par 100 personnes en plus des 500 premières.

Art. 8.

Lorsque le nombre des spectateurs dépassera 1.500 sans être supérieur à 2.000, l'établissement devra avoir une façade sur deux rues ou être isolé sur deux faces.

Art. 9.

Lorsque le nombre des spectateurs dépassera 2.000 sans être supérieur à 3.500, l'établissement devra avoir une façade sur trois rues ou être isolé sur trois faces.

Art. 10.

Lorsque le nombre des spectateurs sera supérieur à 3.500, l'établissement devra être isolé sur toutes ses faces.

Art. 11.

Les rues et cours d'isolement prévues aux articles précédents auront des dimensions conformes aux prescriptions du décret du 13 août 1902, mais leur largeur ne sera jamais inférieure à 5 mètres.

Cette largeur sera au moins égale à celle des

sorties de l'établissement sur ces rues et cours d'isolement. Ces dernières devront être en communication facile avec les voies publiques.

ART. 12.

Dans les parties où les établissements de la 1re catégorie joindront des constructions ou des propriétés occupées par des tiers, un mur d'isolement en maçonnerie d'au moins 0^m,45 d'épaisseur sera établi pour protéger le voisinage; ce mur sera plein, sans aucune ouverture sur les voisins.

ART. 13.

Dans le périmètre des établissements de la 1re catégorie, il ne pourra être logé qu'un concierge, un gardien et le directeur de l'établissement ou son représentant.

Il est interdit d'établir dans ce périmètre aucune installation ou exploitation étrangères à l'établissement.

CHAPITRE II

Scène.

§ 1er. — *Établissements de 1re catégorie.*

ART. 14.

La scène sera limitée par des gros murs en maçonnerie ayant une épaisseur d'au moins 0^m,45.

Ces murs présenteront une surface plane sans aucune partie en retrait de leur aplomb.

Les fenêtres percées dans les murs de la cage de scène devront toujours être plus élevées que les constructions voisines dans un rayon de 10 mètres.

Art. 15.

Le mur d'avant-scène devra s'élever d'au moins un mètre en contre-haut du comble de la salle et sera terminé, à sa partie supérieure, de manière à former un chemin de secours facilement accessible.

Art. 16.

Aucune communication ne pourra exister entre la scène et la coupole de la salle.

Art. 17.

Il ne sera pratiqué, dans les murs limitant la scène, que les ouvertures strictement nécessaires pour assurer le service des représentations et le service des secours.

A la hauteur du plancher de scène, il devra toujours y avoir au moins deux issues de dégagement, une de chaque côté, d'une largeur suffisante pour permettre l'évacuation rapide du personnel.

Dans la partie haute de la scène, aucune communication ne pourra exister avec les escaliers et dégagements desservant les loges d'artistes et les bâtiments d'administration.

Art. 18.

Toutes ces baies seront fermées par des portes battantes construites en matériaux résistant au feu et de façon à s'opposer au passage de la fumée et des gaz.

Les portes situées au niveau du plancher de scène devront s'ouvrir en dehors de la scène; toutes les autres portes s'ouvriront à l'intérieur de la scène.

Les portes de communication entre la scène et la salle ou ses dépendances seront maintenues fermées à clef pendant la représentation; elles devront pouvoir facilement s'ouvrir de la scène.

Art. 19.

L'ouverture de scène sera fermée complètement par un rideau plein métallique d'une manœuvre facile et non bruyante.

La manœuvre de descente de ce rideau devra pouvoir être effectuée de deux endroits différents, l'un à l'intérieur de la cage de scène à hauteur du plateau, et l'autre à l'extérieur dans un lieu toujours accessible. Elle devra se produire par un simple déclanchement et se continuer automatiquement.

Pour le cas où, accidentellement, les appareils de manœuvre ne fonctionneraient pas, la descente devra pouvoir s'effectuer facilement à la main. Les treuils de commande ne devront pas être munis de cliquets, ou ceux-ci devront se relever automatiquement.

Le rideau métallique sera normalement tenu baissé; il ne pourra être relevé que pendant les représentations, les répétitions et les opérations de mise en scène nécessitant son ouverture.

Art. 20.

Il sera établi, dans le comble de la scène une baie fermée par une ou plusieurs trappes; la section de cette baie sera égale au 1/20 de la surface de la scène.

La manœuvre d'ouverture de cette baie devra se faire de deux points différents situés : l'un sur la scène à proximité de la mise en œuvre du rideau métallique, l'autre, à proximité de la deuxième manœuvre de ce rideau.

Art. 21.

La charpente du comble sera en matériaux incombustibles; la couverture sera en matériaux peu combustibles; le chevronnage et le voligeage seront en matériaux légers et facilement combustibles.

Un septième au moins de la surface de la couverture sera en verre mince.

Art. 22.

Les escaliers, les échelles, les ponts de service, les grils, les divers planchers des dessus et dessous, les supports de ces planchers, la machinerie, et, en général, toutes les installations stables aménagées dans la cage de scène, seront en matériaux incombustibles; le parquet de la scène pourra être en bois injecté d'une solution ignifuge.

Les fils de suspension seront également en matériaux incombustibles; les fils de manœuvre pourront être recouverts de chanvre ou de toute autre matière maniable.

Art. 23.

Les décors, les praticables, les accessoires de scène, le rideau d'avant-scène et en général tous les objets et installations mobiles dans la cage de scène seront ininflammables.

Les directeurs d'établissements devront donner, en temps utile, avis à la Préfecture de Police de la mise en service des décors et autres objets ci-dessus désignés pour qu'ils soient essayés au point de vue de l'ininflammabilité par un délégué du Service technique. Les essais seront renouvelés au moins une fois par an, et ils seront constatés chaque fois par l'apposition d'un cachet portant le millésime de l'année.

Sont considérées comme ininflammables les matières qui brûlent sans émettre de flammes.

L'ininflammabilité ne sera pas obligatoire pour les meubles.

Art. 24.

La cage de scène ne pourra être encombrée de décors. La consigne spéciale à chaque établissement fixera pour chacun d'eux le nombre maximum de décors qui pourra être conservé.

Art. 25.

Les praticables, les accessoires et les meubles utilisés pour les représentations de la journée devront être enlevés au fur et à mesure et déposés dans des magasins situés en dehors de la scène et de la salle.

Art. 26.

Les accessoires très combustibles, tels que les pailles, paniers, fagots, guirlandes, etc., etc... seront enfermés dans une resserre spéciale cons-

truite entièrement en matériaux incombustibles
et maintenue fermée par une porte d'isolement
également incombustible.

Art. 27.

Les décors, les praticables, les accessoires de
scène et les meubles non en service ne pourront
être conservés dans l'enceinte de l'établissement;
ils devront être transportés dans des magasins
éloignés construits comme il est prescrit par l'ordonnance du 27 mars 1906.

Art. 28.

Les contrepoids des installations de scène ne
devront jamais être placés au-dessus de locaux
accessibles aux artistes et au public, ni au-dessus
des canalisations d'eau et d'éclairage.

Art. 29.

Il est interdit d'établir des loges dans la cage
de scène.

Des emplacements nécessaires au service pourront être réservés à l'avant-scène.

Art. 30.

Aucune loge d'artiste ou autre local annexe, sauf
le magasin d'accessoires, ne pourra s'ouvrir directement dans la cage de scène.

Art. 31.

Les sapeurs-pompiers devront pouvoir accéder facilement sur la scène sans passer par les dégagements du public.

Art. 32.

Il est interdit de fumer dans la cage de scène et ses dépendances.

§ 2. — *Établissements de 2ᵉ catégorie.*

Art. 33.

La scène sera limitée par des murs en matériaux incombustibles.

Art. 34.

Si la scène surmonte des étages ou est surmontée d'étages occupés par des tiers, des planchers en matériaux incombustibles isoleront la scène de ces divers locaux. Aucune ouverture ne pourra être établie dans ces planchers. Aucun tuyau de fumée, provenant de locaux voisins, ne devra exister dans la cage de scène.

Art. 35.

Il n'y aura, dans les murs limitant la scène, que les baies strictement nécessaires à l'exploitation de l'établissement; toutes ces baies seront fermées par des portes d'isolement.

Art. 36.

Toutes les installations stables aménagées dans la cage de scène seront en matériaux incombustibles; seul, pourra être en bois injecté d'une solution ignifuge, le parquet du plancher de scène.

Art. 37.

Les décors seront en tôle, toile métallique, amiante ou autres substances analogues, également incombustibles, montées sur métal.

Les praticables seront en matériaux incombustibles. Les accessoires de scène et, en général, tous les objets d'installation mobile dans la cage de scène seront ininflammables, ainsi que les tentures et le rideau d'avant-scène. L'ininflammabilité ne sera pas obligatoire pour les meubles.

Art. 38.

Les articles 24, 25, 27, 29, 30, 31, 32 ci-dessus sont également applicables aux établissements de 2e catégorie.

§ 3. — *Établissements de 3ᵉ catégorie.*

ART. 39.

Les établissements de la 3ᵉ catégorie ne devront pas avoir de scène; une simple estrade fixe ou mobile pourra être installée dans la salle. Cette estrade sera construite en matériaux incombustibles, ou tout au moins tous les bois seront recouverts de plâtre. Le parquet de l'estrade et les menuiseries pourront seuls être en bois apparent.

ART. 40.

Sur les estrades fixes — ou les limitant — il ne pourra être établi qu'une décoration unique, fixe et incombustible ou marouflée sur cloisons incombustibles. Les accessoires devront être rendus ininflammables.

Les estrades mobiles ne pourront recevoir aucune décoration.

CHAPITRE III

Salle.

§ 1ᵉʳ. — *Établissements de 1ʳᵉ catégorie.*

ART. 41.

La salle et toutes ses dépendances : vestibules, escaliers, foyers, buvettes, dégagements, etc..., et, en général, tous les locaux accessibles ou non au public seront construits en matériaux incombustibles.

Art. 42.

La calotte au-dessus de la salle, les planchers séparant les divers étages et les combles seront hourdés en maçonnerie.

Art. 43.

Les points d'appui isolés, les pièces de charpente apparentes, les poutres et les solives non enveloppées de maçonnerie, seront entourés d'une enveloppe résistant au feu.

Art. 44.

Les menuiseries, les parquets et les dessus de marches pourront être en bois. Les parquets et les dessus de marches seront parfaitement adhérents aux hourdis des planchers et escaliers.

Le dessus des marches des escaliers ne pourra être ciré ou en matériaux pouvant prendre le poli à l'usage.

Art. 45.

Des grillages métalliques, à mailles suffisamment serrées, seront établis sous les châssis vitrés éclairant la salle et ses dépendances, accessibles au public.

Les châssis du toit seront protégés au-dessus par un grillage métallique.

Art. 46.

Les tentures, les toiles et les objets de décoration devront adhérer complètement aux surfaces qu'ils recouvriront.

Art. 47.

Des portières, des rideaux pourront être établis aux portes et aux croisées, des tapis sur les sols, mais ces tentures et tapis seront en tissus ininflammables et ne devront pas gêner la circulation du public.

Art. 48.

Il est interdit d'établir des ateliers ou des chambres à feu dans les locaux qui surmontent la salle et ses dépendances, comme aussi dans les locaux qui pourront être en dessous.

Art. 49.

Dans les locaux spécifiés à l'article 41 pourront être établis des magasins de costumes, des salles pour répétitions, archives, bibliothèques.

Ces magasins et autres services n'auront aucune communication avec la salle et ses dépendances, ni avec la scène. On ne pourra y accéder que des bâtiments d'administration ; les baies de communication seront fermées par des portes battantes et en matériaux résistant au feu. Ces portes seront maintenues fermées à clef pendant la présence du public dans la salle.

§ 2. — *Établissements de 2ᵉ et de 3ᵉ catégorie.*

ART. 50.

Les salles de la 2ᵉ et de la 3ᵉ catégorie devront être construites et aménagées comme celles de la 1ʳᵉ catégorie. Les planchers qui pourront séparer ces établissements des locaux voisins seront en matériaux incombustibles.

Exception est faite pour la grosse construction des salles contenant moins de 500 personnes, qui, si elle n'est pas en matériaux incombustibles, devra être hourdée et recouverte de plâtre.

ART. 51.

Aucune communication ne pourra exister entre la salle et les locaux des voisins.

CHAPITRE IV

Bâtiments d'administration (Dispositions applicables à tous les établissements).

ART. 52.

Les bâtiments d'administration, qui comprennent les loges d'artistes, les ateliers d'électriciens, de tailleurs, couturières, coiffeurs, etc., etc., et les divers magasins nécessaires à l'exploitation de l'établissement seront construits conformément aux prescriptions applicables aux salles de leur catégorie. Ils seront séparés de la salle et de ses dépendances par des murs pleins en maçonnerie.

ART. 53.

Il n'existera dans ces murs que les baies nécessaires à l'exploitation et aux secours. Ces baies seront fermées par des portes battantes en matériaux résistant au feu. Les magasins et ateliers seront éloignés des escaliers et fermés par des portes semblables.

ART. 54.

Des escaliers et dégagements faciles seront aménagés pour les artistes ; ceux-ci devront toujours pouvoir utiliser deux dégagements différents.

Art. 55.

Les couloirs et dégagements des bâtiments d'administration, ceux des musiciens de l'orchestre, ne seront jamais encombrés par des accessoires, des costumes, etc., etc. ; ils devront être maintenus libres pour la circulation.

Art. 56.

Dans les loges d'artistes, foyers, magasins, ateliers et dégagements, il est interdit d'établir aucune tenture, portière, rideau, etc., etc., combustible. Les murs et plafonds ne pourront être décorés que de peinture, papiers et tentures parfaitement adhérents aux maçonneries.

Il est interdit de fumer dans ces locaux.

Art. 57.

Les costumes non en service ne pourront être conservés dans les loges d'artistes. Ils devront être transportés et conservés dans des magasins spéciaux.

Dans ces magasins, les costumes, s'ils ne sont pas enfermés dans des meubles, seront recouverts d'une toile ininflammable.

ART. 58.

Il est interdit d'accrocher ou de déposer des vêtements en dehors des vestiaires qui devront être mis à la disposition du personnel.

ART. 59.

Aucune fabrique ou magasin d'artifices, aucun dépôt de substances explosibles quelconques ne pourra exister dans l'établissement. Les pièces nécessaires au jeu seront apportées au moment de la représentation et déposées dans un local approprié.

TITRE III

DÉGAGEMENTS DE LA SALLE

CHAPITRE PREMIER

Dispositions générales.

ART. 60.

Les places du rez-de-chaussée ne pourront jamais être à un niveau inférieur à 3 m. 50 en contrebas des sols extérieurs.

Art. 61.

Le niveau du rez-de-chaussée des salles des établissements de la première catégorie, et celui des salles des établissements de deuxième catégorie contenant plus de 500 personnes, ne pourra jamais être à plus de 4 mètres en contre-haut des sols extérieurs.

Le niveau du rez-de-chaussée des salles des établissements de deuxième catégorie contenant moins de 500 personnes et celui des salles des établissements de troisième catégorie contenant plus de 500 personnes ne pourra jamais être à plus de 8 mètres en contre-haut des sols extérieurs.

Art. 62.

Pour définir le nombre des spectateurs admis à chacune des catégories de places, on ajoutera au nombre de places assises le nombre des spectateurs pouvant stationner dans les promenoirs à raison de trois personnes par mètre carré de surface de promenoir.

Seront considérés comme promenoirs tous les espaces où le public pourra stationner pour voir la représentation ou les attractions.

Dans les rangs de banquettes, lorsque les places assises ne seront pas séparées ou déterminées

par un numéro, le nombre des spectateurs sera
évalué à raison d'une personne par $0^m,45$ de largeur de banquette.

Art. 63.

Le nombre et la largeur des dégagements seront
proportionnels au nombre des spectateurs admis
dans la salle pour l'ensemble et aussi par catégories
de places. Cette règle s'appliquera non seulement
aux issues sur l'extérieur, mais aux escaliers et
dégagements à l'intérieur de l'établissement.

Art. 64.

Les escaliers et dégagements généraux devront
être disposés de manière que les courants de public se dirigeant vers les vestibules et les sorties
ne puissent se heurter.

Art. 65.

Des vestiaires pourront être aménagés dans la
salle et ses dépendances et en dehors des chemins
de circulation et des escaliers. Ces vestiaires seront disposés de manière que le public, stationnant
aux abords, ne gêne pas la circulation dans les
couloirs et dégagements. En aucun cas, les vêtements ne pourront être déposés ou accrochés dans
les couloirs et dégagements.

Art. 66.

Il est interdit de déposer et laisser séjourner dans les escaliers, les dégagements et aux abords des sorties, des objets quelconques pouvant gêner la circulation ou diminuer la largeur de ces escaliers, dégagements et sorties, même si cette largeur était supérieure aux largeurs obligatoires qui seront définies plus loin. Les bureaux de contrôle seront mobiles et ne devront jamais obstruer les sorties.

Art. 67.

Des strapontins pourront être établis dans les dégagements de circulation générale pour le personnel de l'établissement. Ces strapontins devront se relever automatiquement et être installés de telle sorte qu'ils ne réduisent pas la largeur obligatoire des dégagements, ne gênent pas la circulation du public et ne forment, dans les passages, ancune saillie lorsqu'ils seront relevés.

Art. 68.

Il est interdit de ménager des marches dans les passages de circulation générale de la salle ; les différences de niveau devront être réunies par des plans inclinés dont la pente ne dépassera pas 10 centimètres pour un mètre.

Art. 69.

Les portes fermant à coulisse, les portes tournantes et tambours tournants, les tapis et chemins roulants et les escaliers mobiles sont interdits.

Les ascenseurs et monte-charges ne pourront motiver une diminution dans le nombre et les dimensions obligatoires des escaliers et dégagements tels qu'ils seront définis plus loin. Ils ne pourront être actionnés que par le personnel de l'établissement.

Art. 70.

Des inscriptions bien visibles indiqueront au public la direction des chemins vers les escaliers et les sorties. Il est interdit de disposer des glaces qui pourraient tromper le public sur la direction des sorties et des escaliers.

Les baies sans issue pour le public devront être signalées comme telles par une inscription.

CHAPITRE II

Sorties.

Art. 71.

Les sorties seront convenablement espacées dans l'établissement ; si l'établissement donne sur des espaces découverts tels que rues, cours, terrains vagues, etc., des sorties seront ménagées sur chacun de ces espaces découverts.

Art. 72.

La salle, la scène et ses dépendances devront avoir sur l'extérieur des issues indépendantes.

Art. 73.

Lorsque plus de 100 personnes et moins de 500 seront réunies dans un établissement, il sera toujours établi pour le public deux sorties au moins; il sera établi une sortie en plus par chaque groupe ou fraction de groupe de 250 personnes en plus des 500 premières.

Art. 74.

La largeur des portes de sortie ne sera jamais inférieure à $0^m,75$.

Art. 75.

Les portes de sortie sur l'extérieur devront s'ouvrir dans le sens de la sortie. Des tambours pourront être autorisés devant ces portes après examen des Services techniques.

Art. 76.

La largeur exigible des issues sur l'extérieur ne s'appliquera qu'aux baies destinées exclusivement à la sortie du public. Dans cette largeur ne seront pas comptées les sorties qui pourraient exister au travers des cafés, buvettes et autres locaux annexes des établissements.

Ne seront pas comptées non plus les sorties de secours qui pourraient être établies sur le voisinage.

Art. 77.

Les portes fermant les dégagements intérieurs de la salle, celles s'ouvrant dans les couloirs généraux, les foyers, les vestibules, etc., etc., devront s'ouvrir dans la direction de l'issue la plus rapprochée.

Ces portes seront disposées de manière à ne former aucune saillie dans les couloirs, passages, escaliers de dégagements et à ne pas gêner la circulation du public vers les sorties.

Art. 78.

Le sens dans lequel ouvriront les portes des loges sera déterminé, après examen du plan, par les Services techniques.

Art. 79.

Les portes donnant sur l'extérieur, à l'exception de celles maintenues constamment ouvertes, celles fermant les passages intérieurs, les couloirs, escaliers, vestibules, etc., devront être vitrées à la partie supérieure pour permettre au public de se diriger vers des points éclairés.

CHAPITRE III

Couloirs et dégagements généraux.

ART. 80.

La largeur des portes et sorties sur l'extérieur sera basée sur une largeur minimum de 0^m,80 pour 100 personnes.

ART. 81.

La largeur de tous les dégagements généraux : chemins, passages, couloirs, escaliers, etc., sera proportionnelle au nombre des spectateurs devant utiliser ces dégagements.

Elle sera basée sur une largeur minimum de 0^m,60 pour 100 personnes et ne sera pas inférieure à 1^m,50.

ART. 82.

Lorsque les places du rez-de-chaussée seront en contrebas des sols extérieurs ou à un niveau supérieur à deux mètres au-dessus des sols extérieurs, la largeur des dégagements et escaliers devant faire communiquer le rez-de-chaussée de la salle avec les vestibules et avec l'extérieur sera calculée à raison de $0^m,80$ pour 100 personnes devant utiliser ces dégagements.

Lorsque les places du rez-de-chaussée seront en contre-bas des sols extérieurs, les dégagements et escaliers desservant ces places devront être indépendants de ceux desservant les étages supérieurs.

CHAPITRE IV

Dispositions spéciales aux escaliers.

Art. 83.

Les emplacements des escaliers devront être choisis de manière à desservir facilement toutes les parties des établissements et à diriger rapidement le public vers les vestibules et sorties.

Art. 84.

Lorsque plus de 100 personnes et moins de 500 pourront être réunies dans un ou plusieurs étages au-dessus du rez-de-chaussée des établissements, il sera toujours établi deux escaliers au moins ; il sera établi un escalier en plus par chaque groupe de 250 personnes ou fraction de 250 personnes en plus des 500 premières.

Ce nombre sera calculé à part pour chacun des étages, de sorte que le nombre des escaliers augmente en proportion avec le nombre des spectateurs appelé à les fréquenter à la sortie.

Art. 85.

Les escaliers de dégagement devront être prolongés sans interruption jusqu'au niveau du sol extérieur.

Art. 86.

Les escaliers destinés à la circulation du public seront droits sans quartiers tournants. Leur largeur ne sera jamais inférieure à 1^m,20. Ils seront munis de mains courantes des deux côtés.

Art. 87.

La largeur d'un escalier, en un point quelconque, ne pourra jamais être rétrécie dans la direction des sorties.

Art. 88.

Des paliers seront établis de manière à limiter à 20 marches au plus les volées d'escalier. Les paliers auront une largeur égale à celle des escaliers ; leur longueur ne sera pas inférieure à 1^m,20.

Art. 89.

Si les salles sont limitées par des couloirs ou des chemins de circulation, les escaliers et leurs paliers seront situés en dehors des couloirs ou chemins.

ART. 90.

Les portes qui pourront fermer les escaliers sur les vestibules, couloirs et dégagements, etc., ne devront former aucune saillie dans les escaliers ni en rétrécir la largeur. Un palier de un mètre au moins les précédera du côté des escaliers.

ART. 91.

Pour la sortie, tous les escaliers devront communiquer entre eux, de manière à pouvoir être utilisés par le public de toutes les catégories de places, sauf l'exception établie à l'article 82 pour les escaliers desservant les places en contre-bas des sols extérieurs.

CHAPITRE V

Dégagements intérieurs de la salle.

ART. 92.

Les places de stalles ou banquettes aux divers étages (amphithéâtres, balcons, fauteuils d'orchestre, etc.), seront desservies par des chemins de circulation perpendiculaires aux rangs de sièges. Ces passages seront établis de manière que chaque spectateur, pour atteindre un passage, ne devra jamais être obligé de passer devant un nombre de sièges supérieur à sept.

Art. 93.

Toutes les places sur le parquet du rez-de-chaussée de la salle, et celles des balcons, galeries, amphithéâtres, dans les étages au-dessus, seront desservies par des chemins d'au moins un mètre de largeur et en nombre suffisant pour assurer une prompte évacuation des spectateurs.

Le nombre et la largeur des portes de sortie des places du rez-de-chaussée, des balcons, galeries et amphithéâtres seront toujours proportionnés au nombre des spectateurs admis à ces étages. La largeur de ces portes ne sera jamais inférieure à un mètre.

Art. 94.

Les rangs de fauteuils, stalles, banquettes, etc., seront espacés de manière à ménager un passage libre de 0^{m},45 entre les rangs de sièges ; ce passage sera mesuré entre les parties les plus saillantes des sièges et des dossiers qui leur font face. Ces sièges seront fixés sur le sol, sauf autorisations spéciales qui pourront être accordées après avis

des Services techniques, pour les établissements
de 2ᵉ et de 3ᵉ catégorie.

Art. 95.

L'installation de tabourets ou autres sièges mobiles est absolument interdite dans les passages
de circulation intérieure. Des strapontins pourront être établis dans ces passages, à la condition
qu'ils se relèveront automatiquement et seront
installés conformément aux prescriptions de l'article 67 ci-dessus.

Art. 96.

Les boîtes à lorgnettes, à bonbons, les tablettes
pour consommations ou autres installations du
même genre, ne seront tolérées qu'à la condition
de ne faire aucune saillie dans les passages et ne
pas gêner la circulation.

Art. 97.

Aucune barre ou obstacle quelconque ne pourra
être placé dans les rangs de stalles ni dans les
passages de circulation desservant ces rangs.

Aux places supérieures, les balcons et leurs
garde-fous seront disposés de manière à éviter la
chute des spectateurs.

Art. 98.

En outre des sorties qui leur sont réservées, des moyens de communication seront établis pour les musiciens entre l'orchestre et la salle.

CHAPITRE VI
Dégagements de Secours.

Art. 99.

En plus des issues régulières de la scène, des bâtiments d'administration, de la salle et de ses dépendances, il sera établi des baies de secours, des escaliers, des échelles, des balcons et chemins de secours pour le public, les artistes et le personnel.

Les emplacements et les dispositions de ces issues de secours seront déterminés après avis des Services techniques.

Le fenêtres ne pourront être grillées, sauf autorisation spéciale.

TITRE IV
CHAUFFAGE — VENTILATION — HYGIÈNE

Art. 100.

Les établissements de la 1re catégorie et les salles de toutes catégories pouvant contenir cinq

cents personnes au moins ne pourront être chauf-
fées au moyen de calorifères à air chauffé directement par le feu.

Les appareils de chauffage à l'eau et à la vapeur seront établis de manière que la pression
dans les conduites ne soit pas supérieure à
2 kilogrammes par centimètre carré.

Des appareils de chauffage électrique pourront
être installés après avis dés Services techniques.

ART. 101.

Les foyers des appareils de chauffage seront
placés dans des locaux entièrement construits en
matériaux incombustibles. Ces locaux seront lar-
gement ventilés sur l'extérieur et seront sans
communication directe avec la scène, la salle et
ses dépendances.

Les approvisionnements de combustibles seront
conservés dans des locaux semblables aux précédents et maintenus suffisamment éloignés des
foyers.

ART. 102.

Les tuyaux de fumée ne pourront traverser la
scène, les magasins d'objets combustibles ni la
salle et les dégagements du public. Ils seront
construits en briques d'au moins $0^m,10$ d'épaisseur.

Les foyers, leurs tuyaux de fumée, les conduits et bouches de chaleur seront pour le surplus installés conformément aux dispositions de l'ordonnance du 27 mars 1906.

Art. 103.

Il est interdit de placer dans les établissements de toutes catégories pouvant recevoir plus de deux cent cinquante personnes, et dans leurs dépendances, des cheminées, des poêles, des appareils fixes ou mobiles de chauffage au feu.

Des autorisations spéciales régleront les conditions d'installation et d'usage des appareils de chauffage dans ceux de ces établissements contenant moins de deux cent cinquante personnes.

Art. 104.

Les directeurs de théâtres, concerts, cirques et établissements similaires devront veiller dans leurs établissements respectifs à la stricte application des dispositions édictées par le Règlement sanitaire de la Ville de Paris du 22 juin 1904.

Art. 105.

Le sol des diverses parties de l'établissement sera nettoyé avant chaque représentation. Ce nettoyage sera fait soit par un lavage, soit à l'aide de brosses ou de linges humides, si les conditions de l'exploitation ou la nature du revêtement du sol s'opposent au lavage.

Les murs et les plafonds seront l'objet de fréquents nettoyages; les enduits et les peintures seront refaits toutes les fois qu'il sera nécessaire. Les directeurs devront, en outre, faire procéder à des opérations de nettoyage ayant pour but la disparition totale des poussières, autant de fois qu'il sera nécessaire pour maintenir l'établissement dans un état constant de propreté.

Art. 106.

Tous les locaux de l'établissement devront être soumis à une ventilation énergique, notamment après chaque répétition ou représentation.

Art. 107.

Dans tous les établissements, des cabinets d'aisance et des urinoirs devront être établis en nombre suffisant. Ces cabinets et urinoirs devront être distribués de façon telle que le public et le personnel puissent aisément en faire usage.

Ils devront être entretenus dans un état constant de propreté, être éclairés et aménagés de manière à ne dégager aucune odeur.

Art. 108.

Les effets, perruques, etc., portés par les artistes, danseurs, danseuses, figurants, figurantes, choristes, etc., devront être immunisés au moins à chaque changement de titulaire.

Art. 109.

Les locaux destinés au personnel de l'établissement, notamment ceux où les artistes et figurants procèdent à leur déshabillage et à leur habillage, devront être suffisamment éclairés et ventilés et établis de façon telle qu'ils ne puissent nuire à la santé des occupants, soit par suite de l'encombrement excessif, soit pour toute autre cause d'insalubrité.

TITRE V

ÉCLAIRAGE

CHAPITRE PREMIER

Dispositions générales.

Art. 110.

Les établissements de 1re et de 2e catégorie ne pourront être éclairés qu'à l'électricité.

Toutefois, à titre exceptionnel et par dérogation spéciale, l'autorisation de s'éclairer au gaz pourra être accordée à certains établissemeuts de 2ᵉ catégorie se trouvant dans des conditions particulières.

Art. 111.

L'emploi des huiles minérales, de l'essence, de l'alcool et des hydrocarbures est formellement interdit dans les établissements de toutes catégories.

Art. 112.

Les appareils d'éclairage portatifs sont interdits dans les loges et foyers d'artistes et dans toutes les dépendances de la scène.

Des réchauds et chauffe-fers alimentés à l'électricité pourront seuls être établis après avis des Services techniques.

Art. 113.

Les établissements de 2ᵉ et de 3ᵉ catégorie ne pourront faire usage que d'appareils d'éclairage fixes.

Art. 114.

Pour l'usage de l'énergie électrique comme aussi pour l'emploi du gaz, les directeurs d'établissement devront satisfaire à tous les règlements imposés par la Préfecture de la Seine.

CHAPITRE II

Éclairage électrique.

§ 1ᵉʳ. — *Formalités préliminaires et dispositions
générales.*

ART. 115.

Tout Directeur devant installer la lumière électrique dans son établissement est tenu d'adresser
à la Préfecture de Police (Bureau des Théâtres),
au moins un mois avant le commencement des
travaux :

1° Une note indiquant si le courant sera fourni
par un concessionnaire ou par des machines ins-
tallées dans l'établissement;

2° Un plan détaillé, en triple exemplaire, qui
indiquera l'emplacement des générateurs, des machines, des dynamos, des accumulateurs, des
tableaux de distribution, des interrupteurs, des
résistances, des lampes de secours et autres servant à l'éclairage normal, ainsi que le tracé des
conducteurs, et un exemplaire du cahier des
charges imposées par les secteurs;

3° Une note explicative sur les machines mo-
trices, leur force en chevaux-vapeur, sur les
dynamos et sur les lampes à arc ou à incandes-

cence, leur nombre par circuit et leur pouvoir éclairant;

4° Un échantillon de chacun des conducteurs avec une note détaillée sur la distribution des circuits, la nature et le diamètre des conducteurs et le courant qui doit les traverser.

Art. 116.

Après réception, aucune modification ne pourra être apportée à l'installation, sans l'accomplissement des mêmes formalités.

Toute modification, même provisoire, apportée à l'éclairage de la salle ou de la scène, telle qu'accessoires lumineux, devra être l'objet d'une autorisation spéciale.

Art. 117.

Les établissements de 1re catégorie devront recevoir le courant de deux sources distinctes d'électricité, l'éclairage de la salle et des dégagements étant réparti sur deux circuits et chacun d'eux étant disposé de façon qu'il puisse suffire à l'éclairage de l'établissement (salle, scène, administration) pour en assurer l'évacuation si la première source venait à manquer.

L'éclairage du jeu de scène sera fourni par l'une ou l'autre source, suivant les besoins.

Art. 118.

Si la lumière électrique est produite dans l'établissement même, les générateurs de vapeur ou de gaz, moteurs, machines, etc., ne pourront en aucun cas être installés au-dessous des locaux accessibles au public.

Art. 119.

La mise en service d'une installation électrique nouvelle ou modifiée ne pourra avoir lieu qu'après vérification de l'installation en présence et sous le contrôle du Service technique.

La même vérification aura lieu au moins deux fois par an, notamment au moment de la réouverture annuelle.

Toutefois, pour les établissements de troisième catégorie recevant moins de 500 personnes, la réception de l'installation électrique par le secteur suffira pour qu'une autorisation provisoire soit accordée, en attendant la visite du Service technique.

Art. 120.

L'isolement électrique devra être mesuré fréquemment par les soins de la direction de l'établissement, et les résultats des constatations seront communiqués à la Préfecture de Police chaque fois qu'elle le demandera.

Art. 121.

Chaque fois qu'un établissement recevra un courant à un potentiel entre fils supérieur à 220 volts, l'Administration prescrira des mesures spéciales après avis du Service technique.

§ 2. — *Câbles, fils conducteurs, tableaux de distribution, etc., etc.*

Art. 122.

L'emploi des parties métalliques de la construction comme conducteurs est rigoureusement interdit.

Les conducteurs concentriques sont interdits.

Art. 123.

Dans chacune des parties d'un circuit, le diamètre des conducteurs devra être en rapport avec l'intensité du courant, de telle sorte qu'il ne puisse se produire en aucun point un échauffement dangereux pour l'isolement des conducteurs ou des objets voisins.

Il ne pourra passer dans un câble plus de deux ampères au maximum par millimètre carré de section ; au-dessus de six ampères, le câble devra avoir une section d'un millimètre carré par ampère.

Art. 124.

Les fils et câbles seront recouverts d'une matière offrant toutes garanties au point de vue de l'isolement électrique. Cet isolement sera au moins égal à celui imposé aux secteurs par la Préfecture de la Seine.

Art. 125.

Les câbles de polarité différente seront éloignés d'au moins 10 millimètres et à une distance proportionnée à l'intensité du courant qui doit les traverser. L'espace entre les fils et les pièces métalliques de la construction sera de 10 centimètres au minimum.

Art. 126.

Quand les conducteurs traverseront des planchers, paliers, murs et cloisons, ils seront recouverts d'une gaine de caoutchouc supplémentaire et protégés en outre par une enveloppe en matière dure et incombustible. Aux croisements des câbles, ceux-ci seront également recouverts d'une gaine isolante supplémentaire ; il en sera de même lorsque les fils seront en contact avec les parties métalliques d'appareils d'éclairage tels que lustres, bras, appliques, qui seront eux-mêmes isolés électriquement.

Art. 127.

Tous les câbles d'amenée de courant seront bien en vue, marqués, numérotés, suffisamment séparés les uns des autres et solidement fixés sur des supports isolants.

Un voltmètre et un ampère-mètre seront installés à poste fixe au tableau d'arrivée pour contrôler les courants.

En aucun cas les câbles d'arrivée du courant ne pourront traverser la cage de scène.

Art. 128.

Les tableaux d'arrivée et de distribution seront convenablement placés, d'un accès facile et hors de la portée du public; les commutateurs employés pour diriger les courants seront montés sur des supports incombustibles et en matière isolante.

Chaque circuit sera indiqué par une inscription fixe et bien apparente.

Les tableaux seront disposés de façon à permettre un accès facile aux bornes.

Art. 129.

Chaque circuit principal partant du tableau de distribution sera commandé par un interrupteur bipolaire et par un double coupe-circuit. Il y aura un coupe-circuit bipolaire à chaque dérivation de lampes à incandescence, et pas plus de 5 ampéres par dérivation. Chaque ligne d'arcs comprendra un interrupteur double, un coupe-circuit sur chaque pôle et un rhéostat monté sur un support incombustible et suffisamment éloigné des conducteurs.

Les interrupteurs devront avoir une longueur suffisante d'interruption et être construits de façon à ne pouvoir occuper une position intermédiaire et à prévenir la formation d'un arc.

Art. 130.

Les traînes, les portants et tous les accessoires de lumière devront être munis de fusibles bipolaires montés sur l'appareil même.

Les coupe-circuit montés sur socles isolants et incombustibles seront disposés de telle sorte que la fusion d'un fil fusible détermine une rupture efficace et immédiate du courant. Les fils fusibles devront pouvoir être facilement remplacés et seront recouverts de manière à ne pas donner lieu à des projections de métal fondu.

Les fusibles des circuits supportant un courant de 10 ampères devront être séparés par une cloison isolante. Les coupe-circuit devront être marqués pour indiquer l'intensité pour laquelle ils sont étalonnés et ne pas être interchangeables, c'est-à-dire que la forme des coupe-circuit devra varier avec l'intensité pour laquelle ils sont établis.

Art. 131.

Il ne pourra être fait usage de fils souples que pour l'éclairage des herses, portants, traînées et accessoires. Tout autre usage de fils souples est interdit tant sur la scène que dans les loges d'artistes.

Art. 132.

Tous les câbles souples de la scène et de la salle seront garnis de cuir sur toute leur longueur et leurs attaches seront renforcées ; la section de ces câbles souples sera au moins de un millimètre par ampère et leur enveloppe isolante sera doublée.

Art. 133.

Sauf au voisinage des lampes, tous les fils et câbles seront placés sous moulures ; ils pourront être montés sur isolateurs quand ils seront inaccessibles au public. Dans les caves, sous-sols, et en général dans tous les endroits humides, les conducteurs seront supportés par des isolateurs.

Art. 134.

Les câbles de suspension des appareils d'éclairage seront incombustibles et indépendants des fils conducteurs; ils seront isolés électriquement.

Les fils conducteurs ne pourront en aucun cas servir de câbles de suspension aux appareils.

ART. 135.

Les lustres seront suspendus par deux câbles au moins, chacun de ces câbles étant capable de supporter à lui seul dix fois le poids du lustre et de le maintenir en cas de rupture d'un des câbles de suspension.

ART. 136.

Les câbles de suspension des lustres dans la salle seront munis d'une broche de sûreté rendant les lustres fixes quand ils seront à leur place d'éclairage.

La manœuvre des lustres ne pourra être faite que dans l'intervalle des représentations et à l'aide d'un treuil à pédales.

ART. 137.

Les herses devront être suspendues par au moins trois fils métalliques, qui seront disposés de telle sorte qu'aucune traction ne puisse s'exercer sur les conducteurs électriques.

Art. 138.

Les circuits principaux seront interrompus en dehors des représentations ou répétitions. Pendant les représentations, un électricien se tiendra en permanence au tableau de distribution de la scène.

Art. 139.

Lorsqu'il sera fait usage de transformateurs ou de dynamos réceptrices, ces appareils devront être disposés de façon à éviter tout accident ; des précautions spéciales seront prises pour les isoler et les mettre hors de la portée des personnes qui ne seront pas appelées à s'en servir.

Les transformateurs devront être placés près de l'arrivée du courant, de manière à réduire le plus possible, dans l'établissement, la longueur des conducteurs amenant le courant à haute tension.

Ces transformateurs seront placés en dehors de la cage de scène et dans un local ventilé sur l'extérieur.

§ 3. — *Lampes, rhéostats.*

Art. 140.

Les lampes à arc ne pourront être à feu nu ; elles seront munies de globes grillagés pour arrêter les étincelles et les bris de verre et de cendriers.

Les lampes à arc servant de projecteurs seront enfermées dans des lanternes à parois métalliques.

Les lampes à incandescence dont l'intensité dépassera dix carcels (100 bougies) devront également être protégées par un grillage.

Art. 141.

Les lampes des portants et des herses seront placées de manière à être protégées contre les chocs.

Art. 142.

Les rhéostats de l'éclairage de scène seront montés sur des supports incombustibles et placés dans un local spécial incombustible, aéré et en dehors de la cage de scène.

CHAPITRE III

Éclairage au Gaz.

Art. 143.

Pourront être éclairés au gaz les établissements de troisième catégorie et exceptionnellement certains établissements de deuxième catégorie. Ces établissements ne pourront avoir qu'un éclairage fixe ; l'emploi des appareils mobiles, des tuyaux et des raccords souples est interdit.

Art. 144.

Un compteur pourra être exigé pour chaque partie de l'établissement (scène, salle et bâtiments d'administration).

Les tuyaux ayant plus de 10 millimètres de diamètre seront en fer ou en tout autre métal suffisamment résistant au feu et aux chocs.

Art. 145.

Les herses seront entourées d'un grillage assez résistant pour maintenir éloigné tout objet combustible.

Elles devront être fixes et suspendues par trois fils métalliques au moins.

La canalisation qui les alimentera sera toujours à une hauteur supérieure à celle des plus hauts châssis.

Les prises de gaz et les herses seront établies dans le même plan vertical.

La rampe d'avant-scène sera établie à flamme renversée.

Art. 146.

Les lumières des rampes verticales seront garanties jusqu'à hauteur d'homme par des grillages à mailles serrées et leur partie supérieure sera couronnée par un fumivore de dimension suffisante.

Art. 147.

Les becs placés dans les loges et foyers d'artistes seront entourés d'un manchon de verre ou d'une toile métallique.

Art. 148.

Les couloirs d'accès et les escaliers seront éclairés par des appliques vitrées et protégées par des grillages métalliques.

Art. 149.

Les lumières d'allumage seront défendues par une enveloppe en toile métallique et montée sur une tige rigide.

CHAPITRE IV

Éclairage de secours.

Art. 150.

Des lampes dites de secours, allumées depuis l'entrée du public jusqu'à sa sortie, seront placées en nombre suffisant dans toutes les parties des établissements des trois catégories, pour éviter l'obscurité en cas d'extinction subite de l'éclairage normal.

Les lampes de secours, quelles qu'elles soient, devront toujours avoir chacune une intensité au moins égale à celle d'un carcel (10 bougies).

A chaque direction ou porte de sortie, il sera installé une lampe de secours.

ART. 151.

Les établissements de 1re catégorie étant munis de deux sources d'électricité différentes sont considérés comme pourvus d'un éclairage de secours.

ART. 152.

Dans le cas où l'éclairage de secours serait constitué par des accumulateurs, ceux-ci devront avoir la capacité et un débit suffisants pour alimenter les lampes de secours pendant toute la durée de la représentation.

ART. 153.

Les accumulateurs seront installés dans un local spécial bien ventilé.

On n'emploiera, dans la salle des accumulateurs, que des lampes à incandescence.

La batterie sera toujours en charge.

Un disjoncteur automatique placé sur le circuit

de charge permettra de couper automatiquement toute communication avec le secteur, si celui-ci venait à manquer.

Art. 154.

Les interrupteurs servant à relier la batterie d'accumulateurs au courant de charge ou de décharge devront être placés dans des endroits apparents et d'un accès facile; ils seront fixés sur un tableau indiquant clairement la disposition adoptée pour isoler la batterie; ce tableau sera muni d'un ampère-mètre et d'un volt-mètre pour le contrôle de la charge des accumulateurs.

Art. 155.

Les câbles ou fils amenant le courant aux lampes de secours seront placés en dehors de la cage de scène et complètement indépendants des câbles et interrupteurs servant à l'éclairage ordinaire.

Une dérivation du circuit de secours pénètrera dans la cage de scène et alimentera les lampes de secours de la scène et ses dépendances. Une autre dérivation assurera l'éclairage de secours de l'administration et des loges d'artistes.

Art. 156.

Le tableau de distribution de l'éclairage de secours sera placé dans un local aussi éloigné que possible du tableau d'arrivée commandant l'éclairage normal et, comme ce dernier, il sera muni d'un ampère-mètre et d'un volt-mètre.

Art. 157.

Les lampes de secours ne devront pas être teintées, mais elles porteront un signe particulier permettant au service qui en sera chargé d'exercer facilement une surveillance efficace sur l'éclairage de secours.

Art. 158.

L'éclairage de secours des établissements de 3ᵉ catégorie, et, s'il y a lieu, des établissements de 2ᵉ catégorie, s'il n'est pas électrique, pourra être assuré soit par des lampes à huile végétale, soit par le gaz.

Dans le premier cas, les lampes à huile seront enfermées dans des lanternes hermétiquement closes du côté de la salle par des verres; ces lanternes n'auront que deux ouvertures, l'une destinée à l'introduction de l'air pris à l'extérieur de l'établissement, l'autre servant à l'évacuation à l'extérieur des produits provenant de la combustion.

Dans le 2e cas, les canalisations de gaz seront en fer ou en métal suffisamment résistant au feu et aux chocs, et placées à l'extérieur de l'établissement.

Les becs seront séparés du côté de la salle et des couloirs par une glace dormante; l'allumage devra se faire de l'extérieur.

TITRE VI

SECOURS CONTRE L'INCENDIE

CHAPITRE PREMIER

Conduites d'eau et Avertisseurs.

§ 1er. — *Établissements de 1re catégorie.*

ART. 159.

Il y aura, sauf en cas de force majeure, dans chaque établissement de 1re catégorie, deux canalisations d'eau en pression suffisante pour défendre aussi bien les parties hautes que les parties basses, l'une dite de « secours ordinaire », l'autre dite « grand secours ».

Ces deux canalisations devront être indépendantes l'une de l'autre et être alimentées par deux prises sur deux conduites de ville distinctes, présentant les meilleures garanties comme pression et comme débit; elles devront posséder une communication permettant de mettre indifféremment les deux canalisations en pression sur l'une ou l'autre des deux prises.

Des manomètres indiqueront en permanence la pression de l'eau de chaque canalisation.

ART. 160.

La canalisation de secours ordinaire alimentera des robinets de secours armés de tuyaux et de lances dont l'emplacement sera déterminé par le Service technique.

ART. 161.

La canalisation de grand secours devra être installée de façon que la scène tout entière puisse être inondée rapidement en cas de sinistre; elle sera munie soit d'extincteurs automatiques, soit de déversoirs commandés par deux robinets de mise en œuvre, dont l'un à proximité de la scène, et l'autre dans un endroit toujours accessible.

ART. 162.

Le diamètre des canalisations sera proportionnel au nombre de robinets à desservir.

Ces canalisations seront munies de robinets de barrage en nombre suffisant pour parer au danger qu'entraînerait leur rupture.

Art. 163.

Il y aura séparation absolue entre la canalisation des eaux de secours contre l'incendie et celle du service particulier de l'établissement.

Art. 164.

Les robinets de la cage de scène devront être armés de tuyaux conservant la forme cylindrique en permanence. Ces tuyaux seront constamment montés et tenus plein d'eau.

Art. 165.

Tous les engins et appareils de secours contre l'incendie seront constamment entretenus en bon état de fonctionnement.

§ 2. — *Etablissements de 2ᵉ et de 3ᵉ catégorie.*

Art. 166.

La canalisation de grand secours ne sera pas obligatoire dans les établissements de 2ᵉ et de 3ᵉ catégorie.

Une canalisation et des robinets de secours

ordinaire seront établis dans les établissements et aux emplacements qui seront désignés, après avis des Services techniques.

3. — *Avertisseurs d'incendie.*

Art. 167.

A Paris et dans tous les centres où existera un poste permanent d'incendie, des avertisseurs téléphoniques relieront chacun des établissements de 1re catégorie et chacun de ceux de 2e catégorie et de 3e catégorie contenant plus de 1.000 personnes, avec la caserne de sapeurs-pompiers la plus voisine.

Le nombre et les emplacements de ces avertisseurs seront déterminés pour chaque établissement par le Service technique.

CHAPITRE II
Services de surveillance.

Art. 168.

Un service de surveillance permanent, de jour et de nuit, contre l'incendie, sera assuré dans chaque établissement de 1re catégorie, et dans les établissements de 2e et de 3e catégorie où il sera jugé nécessaire.

Art. 169.

En dehors de la présence du public, ce service sera assuré, suivant des consignes arrêtées par Nous, par des pompiers civils appartenant à l'établissement, et agréés par Nous.

Art. 170.

Les pompiers civils auront un uniforme spécial distinct de celui des sapeurs-pompiers et agréé par Nous.

Art. 171.

Des rondes pointées seront faites, par toute personne agréée par Nous, aux heures fixées par les consignes.

Un pompier civil devra se tenir en permanence sur le plateau de scène.

Art. 172.

Pendant la présence du public, le service d'incendie sera assuré par le Régiment de Sapeurs-Pompiers, conformément aux consignes approuvées par Nous. Il sera rétribué par la Direction de l'établissement.

Un poste convenablement installé devra être mis à la disposition des pompiers de service.

Art. 173.

Une consigne intérieure sera dressée par les soins du directeur de l'établissement et approuvée par Nous, pour assurer la collaboration du personnel et du service d'incendie.

Art. 174.

Un service de surveillance pendant la représentation pourra être imposé aux établissements de 2e et de 3e catégorie dans lesquels cela sera jugé nécessaire.

TITRE VII

DISPOSITIONS SPÉCIALES A CERTAINES ATTRACTIONS

CHAPITRE PREMIER

Cinématographes.

Art. 175.

L'appareil à projection sera placé dans une cabine construite en matériaux incombustibles. Cette cabine aura au moins une dimension de 1m,60 de longueur sur 1m,35 de largeur. Elle sera d'un accès facile et située de manière

à ne pouvoir nuire à la sortie du public dans le
cas où un commencement d'incendie surviendrait
à l'intérieur.

ART. 176.

Les spectateurs ne pourront être placés à moins
de 2 mètres de la cabine.

ART. 177.

La cabine sera aérée à l'aide d'une large ouverture ménagée dans le plafond et garnie d'une
toile métallique à mailles fines. Chaque fois que
cela sera possible, la ventilation devra être faite
directement à l'extérieur.

ART. 178.

Les ouvertures pratiquées sur le devant de la
cabine et servant au passage des rayons lumineux
seront munies de volets métalliques se manœuvrant de l'extérieur.

ART. 179.

La porte de la cabine ne sera fermée qu'au
loqueteau se manœuvrant des deux côtés.

ART. 180.

Il sera interposé, entre le condensateur de
lumière et la pellicule, une cuve d'eau dont la

contenance ne pourra être inférieure à un demi
litre; cette cuve sera en permanence remplie
d'une solution absorbant les rayons caloriques,
(par exemple d'une solution d'alun dans l'eau
distillée, d'un mélange d'eau et d'acide acétique,
etc., etc.)

Deux autres cuves semblables et remplies de
l'une de ces solutions seront en réserve dans la
cabine, pour que l'opérateur puisse en changer
fréquemment.

Art. 181.

L'appareil sera à enroulement automatique et
les bandes seront renfermées dans deux boîtes
métalliques dites « carters » de sûreté, à fermeture automatique.

Art. 182.

Il ne sera fait usage pour les projections que
de la lumière électrique, sauf dérogation qui ne
pourra être accordée que dans des cas exception-
nels.

Art. 183.

Le rhéostat sera monté soit sur un support
métallique, soit sur un tableau de bois évidé.

Art. 184.

Les conducteurs d'amenée de courant devront avoir au minimum une section de un millimètre carré par ampère ; ils seront protégés par un fourreau isolant à leur pénétration dans la cabine. La partie souple aura la longueur stric- tement nécessaire au réglage de l'appareil ; cette partie des conducteurs devra être protégée par une gaine de cuir.

En aucun cas, les conducteurs d'arrivée ou de sortie de courant ne devront passer au-dessus ou à proximité du rhéostat.

Art. 185.

Les lampes mobiles et les fils souples sont interdits dans la cabine ; les conducteurs seront séparés et tendus sur des isolateurs.

Art. 186.

Le tableau de distribution situé dans la cabine sera muni d'un interrupteur bipolaire et d'un coupe-circuit sur chaque pôle. Les mêmes appareils de sûreté seront placés au départ des conducteurs allant à la cabine.

Art. 187.

Il sera placé, à la portée de la main de l'opérateur, un extincteur de cinq litres et deux siphons d'eau de seltz ; un seau plein d'eau sera placé à proximité de la cabine.

ART. 188.

Il n'y aura dans la cabine que la bande en service sur l'appareil ; les autres bandes seront renfermées dans des boîtes métalliques placées dans une resserre isolée du public et ventilée.

ART. 189.

Il sera interdit de fumer dans la cabine.

ART. 190.

Les groupes électrogènes et les moteurs à gaz ne pourront être placés sous les locaux affectés au public. Ils devront être installés dans des pièces suffisamment ventilées.

CHAPITRE II

Ménageries et exhibitions d'animaux.

ART. 191.

Les cages seront construites de manière à résister aux efforts des animaux et à s'opposer à leur évasion.

Art. 192.

Une barrière suffisamment solide sera placée en avant des cages, à une distance d'un mètre au moins, pour empêcher le public de s'approcher des animaux.

Art. 193.

Il sera établi, au devant des portes qui donnent accès aux dompteurs dans les cages, un tambour d'entrée de petites dimensions ; ce tambour sera construit comme les cages et sera disposé de manière qu'à aucun moment la porte du tambour vers l'extérieur et la porte de la cage ne puissent être ouvertes simultanément.

Art. 194.

Les cages d'animaux devront être lavées régulièrement au moins une fois par jour au moyen d'eau additionnée d'une solution désinfectante (200 grammes de chlorure de zinc suffisent pour 20 litres d'eau ; la dissolution doit se faire dans un vase de bois, de verre ou de faïence).

Les urines des animaux seront canalisées; elles seront recueillies, ainsi que les sciures de nettoyage, dans des vases étanches contenant une dissolution de chlorure de chaux, et enlevées journellement.

Les os, les fumiers et autres détritus devront être enlevés régulièrement tous les jours.

CHAPITRE III

Attractions dangereuses.

ART. 195.

Les directeurs d'établissement qui désireront exploiter, soit sur la scène, soit dans la salle ou ses dépendances, des attractions susceptibles d'être une cause de danger devront en demander l'autorisation à la Préfecture de Police.

TITRE VIII

MESURES D'ORDRE ET DE POLICE

CHAPITRE PREMIER

Commissions et Sous-Commissions.

ART. 196.

Une Commission supérieure des Théâtres sera chargée d'étudier les questions relatives aux théâtres, concerts ou établissements analogues, qui lui seront soumises par Nous et de donner son avis sur ces questions.

Art. 197.

Une Commission technique spéciale, dont les membres seront désignés par Nous après avis de la Commission supérieure des Théâtres, aura pour mission d'étudier les questions d'éclairage et d'examiner si les prescriptions de la présente Ordonnance relatives à l'éclairage des établissements de spectacle sont observées.

Art. 198.

A des époques rapprochées, une Sous-Commission par Nous constituée, visitera chaque établissement.

Ces visites auront pour objet :

1° De vérifier si les prescriptions de la présente Ordonnance sont observées, et notamment si tous les appareils de secours contre l'incendie fonctionnent régulièrement ;

2° De signaler les améliorations qu'il pourrait y avoir lieu d'apporter aux dispositions ou à l'aménagement de l'établissement, et les modifications qui auraient pu y être apportées sans notre autorisation préalable.

A l'issue de chaque visite, il sera dressé un procès-verbal qui sera transmis à l'Administration à telles fins que de droit.

Art. 199.

Les membres de la Commission supérieure des
Théâtres, sur la présentation de la carte qui leur
est délivrée par Nous, et les membres de la Sous-
Commission locale auront accès dans chaque établissement à toute heure, et devront être mis à
même d'y exercer la surveillance qu'ils jugeront
utile.

CHAPITRE II

Annonce du spectacle et Billets d'entrée.

Art. 200.

Le tarif du prix des places, pour chaque représentation, devra toujours être indiqué très
ostensiblement sur les affiches, en même temps
que la composition des spectacles annoncés.

Un exemplaire du tarif sera apposé sur les bureaux de location des établissements.

Une fois annoncé, le tarif de chaque représentation ne pourra être modifié.

Art. 201.

Les billets payants, y compris ceux à prix
réduit, devront porter le prix de la place à
laquelle ils donneront droit, en caractères très
apparents. Cette mention sera remplacée sur les

billets d'invitation par la suivante, en caractères également très apparents : « Billet de faveur ne pouvant être vendu ».

Dans les établissements où le prix de la place donne droit à une consommation ou au vestiaire, le billet de faveur devra spécifier que ni la consommation ni le vestiaire ne sont obligatoires.

Art. 202.

La vente et l'offre de vente de billets ou contremarques ou le racolage ayant ce trafic pour objet sont interdits sur la voie publique.

Art. 203.

Ne peuvent être louées à l'avance que les loges et les places converties en fauteuils ou en stalles et numérotées. La location doit cesser avant l'heure de l'introduction du public dans la salle.

Le nombre des places inscrit sur les portes des loges ne devra pas être supérieur à celui des spectateurs qu'elles peuvent contenir.

Art. 204.

Une feuille de location indiquera toutes les places louées.

Il est défendu de mettre l'étiquette « Louée » sur une place non portée sur cette feuille.

Art. 205.

Les directeurs devront tenir à la disposition du Commissaire de police de service ou du Chef du service d'ordre un double de la feuille de location.

CHAPITRE III

Police des représentations.

Art. 206.

Les services de police seront déterminés suivant l'importance de l'établissement.

Des locaux convenablement installés seront mis à la disposition de ces services.

Art. 207.

Un Commissaire de police sera chargé de la surveillance générale pendant les représentations dans les établissements où cela sera jugé nécessaire ; une place convenable lui sera assignée dans l'intérieur de la salle.

Art. 208.

Des agents ou des gardes, rétribués par l'établissement, seront placés à l'intérieur, au foyer ou sur certains points déterminés, en vue de tenir la main au maintien de l'ordre et à l'exécution des consignes spéciales.

La garde de police assurera également le maintien de l'ordre public et la libre circulation au dehors de l'établissement.

Art. 209.

Lorsqu'une matinée ou une répétition générale devra être donnée dans un établissement, le directeur ou l'organisateur devra en aviser la Préfecture de Police trois jours au moins à l'avance, afin que les mesures d'ordre et de sûreté habituelles puissent être prises.

Art. 210.

En cas de relâche, fermeture ou réouverture, avis devra être donné, en temps utile, à la Préfecture de Police. Lorsque la durée de la fermeture sera de plus d'un mois, avis de la réouverture devra être donné quinze jours au moins à l'avance.

Art. 211.

Dans le cas où le service d'ordre et de sûreté se serait rendu dans un établissement à l'occasion d'une représentation qui, bien qu'annoncée à l'avance, n'aurait pas eu lieu, ce service devra être rétribué comme d'usage.

Art. 212.

La salle devra être livrée au public et la représentation commencera aux heures indiquées
par l'affiche.

Les bureaux de distribution de billets devront
être ouverts au moins une demi-heure avant le
lever du rideau.

Art. 213.

Il est défendu d'introduire des spectateurs dans
la salle avant l'ouverture des bureaux et par
d'autres portes que celles affectées au public.

Les files d'attente des spectateurs seront établies de manière à ne pas gêner la circulation et
à permettre la vérification des billets.

Art. 214.

L'autorisation donnée à un établissement sera
retirée en cas d'atteinte à la morale ou à l'ordre
public.

Art. 215.

Les artistes ne pourront pénétrer dans la partie
de la salle affectée au public, soit pour consommer,
soit sous prétexte de quêtes, loteries ou tombolas,
lesquelles sont expressément interdites, sauf
autorisation spéciale.

Art. 216.

Conformément à l'article 8 de la loi du 2 novembre 1892, aucun enfant âgé de moins de 13 ans ne pourra figurer dans une représentation, sans une autorisation spéciale délivrée par le Ministère de l'Instruction publique et des Beaux-Arts pour les établissements de Paris, et par Nous . pour les établissements de la banlieue.

Art. 217.

Conformément à l'article 1er de la loi du 7 décembre 1874, il est interdit de faire exécuter sur une scène quelconque, par un enfant de moins de 16 ans, des tours de force périlleux et des exercices de dislocation.

Les théâtres d'acteurs enfants demeurent formellement prohibés, conformément à l'article 4 du décret du 6 janvier 1864.

Art. 218.

Il est interdit de fumer dans l'intérieur des établissements, sauf autorisation spéciale accordée à tel établissement pour telle partie des locaux.

Art. 219.

Dans tout établissement où des consommations

seront servies, le tarif en devra être affiché à l'intérieur dans un lieu apparent.

Art. 220.

Il est défendu de troubler systématiquement la représentation ou d'empêcher les spectateurs de voir ou d'entendre le spectacle, de quelque manière que ce soit.

Toute personne, notamment, dont le chapeau serait un obstacle à la vue des spectateurs placés derrière elle, sera tenue d'obtempérer à toute réquisition en vue de faire cesser le trouble qu'elle aura occasionné.

Art. 221.

Toutes les fois que dans une représentation, il devra être fait usage d'armes à feu, la mise en scène sera réglée de façon que le tir ne s'effectue pas dans la direction de la salle.

Quand la représentation d'une pièce comportera un simulacre d'incendie, le tir de pièces d'artifice, ou l'emploi d'appareils de projections lumineuses, la Préfecture de Police devra être prévenue à l'avance, afin que les précautions nécessaires puissent être prescrites.

Les pièces d'artifice et la poudre ne devront être apportées du dehors qu'au commencement de chaque représentation.

Art. 222.

Les objets perdus par le public et trouvés dans l'intérieur des salles de spectacle devront être déposés le lendemain au Bureau du Commissariat du quartier où est situé l'établissement.

Art. 223.

Les couloirs et les passages ménagés pour la circulation devront rester entièrement libres pendant la représentation.

Il sera défendu d'y stationner.

Art. 224.

La manœuvre du rideau de fer, dans les établissements de 1re catégorie, devra être faite en présence du public au début de chaque représentation.

Art. 225.

Il est expressément défendu aux directeurs de faire cesser l'éclairage de la salle ou de ses dépendances avant l'entière évacuation du public.

Il leur est également interdit de faire cesser l'éclairage dans les dépendances de l'établissement avant l'évacuation complète du personnel.

Art. 226.

L'heure de clôture des représentations est fixée à minuit et demi en tout temps, sauf autorisation spéciale.

CHAPITRE IV

Service médical.

Art. 227.

Dans chaque établissement de la 1re catégorie et dans tout établissement des autres catégories pouvant recevoir plus de huit cents spectateurs, il y aura un service médical. Le médecin de service devra, à première réquisition, donner sur place ses soins tant aux spectateurs qu'au personnel de l'établissement.

Un cabinet, convenablement installé, sera aménagé pour le Service médical.

Art. 228.

Les médecins, choisis par le directeur, devront être agréés par la Préfecture de Police, hormis les médecins des théâtres nationaux, qui sont nommés par le Ministre de l'Instruction publique et des Beaux-Arts.

Art. 229.

Le directeur devra donner connaissance à la

Préfecture de Police de la façon dont le Service médical sera assuré et réglé.

Art. 230.

Ce service devra être organisé de manière à ce qu'il y ait constamment un médecin présent dans l'établissement, depuis le commencement jusqu'à la fin de toutes les représentations ou répétitions générales.

Art. 231.

Le médecin de service, empêché, pour une raison quelconque, de se rendre à la représentation, devra immédiatement prévenir la Direction de l'établissement qui prendra les mesures nécessaires pour le faire remplacer par un autre médecin.

Art. 232.

Tout médecin qui fera preuve de négligence ou d'inexactitude dans son service devra être rayé de la liste des médecins de l'établissement et remplacé par les soins du directeur dans les conditions prévues par l'article 229 ci-dessus.

Art. 233.

Une boîte de secours sera placée dans le cabinet du médecin. Cette boîte de secours sera composée de façon à répondre aux besoins les plus urgents et portera sur le couvercle la nomenclature des médicaments et objets qui y seront contenus. Le médecin de service devra veiller à ce que les instruments soient toujours en bon état et que les médicaments ne soient pas altérés.

Il devra Nous transmettre ses observations.

TITRE IX
DISPOSITIONS EXCEPTIONNELLES
MESURES D'EXÉCUTION

Art. 234.

Les dispositions spéciales des établissements pourront motiver des prescriptions particulières, comme aussi des mesures spéciales devront être prises selon les cas pour assurer la sécurité du public, du personnel et du voisinage.

Art. 235.

Les prescriptions de la présente ordonnance sont immédiatement applicables.

Toutefois, les délais ci-après sont accordés aux établissements actuellement en exploitation pour se conformer aux dispositions nouvelles contenues dans les articles ci-dessous :

Délai de trois mois : articles 16, 17 § 1er, 18, 19 §§ 2 et 3, 26, 31, 35, 49, 53, 58, 70, 77, 97, 109, 152, 153, 154, 155, 156, 157, 158, 167;

Délai de six mois : articles 23, 27, 36 ;

Délai d'un an : articles 20, 21 § 2, 28, 42, 43, 48, 71, 89, 92, 98, 102, 107 ;

Délai de cinq ans : article 22 § 1er.

En outre, l'exécution des prescriptions contenues dans les articles 7, 8, 9, 10, 11, 12, 13 § 2, 14, 15, 17 §§ 2 et 3, 21 § 1er, 22 § 2, 41, 51, 52, 54, 60, 61, 64, 65, 68, 72, 73, 80, 81 § 2, 82, 83, 84, 85, 86, 87, 88, 89, 100, 101, 117, 118, ne sera pas intégralement exigée dans les établissements actuellement en exploitation, en cas d'impossibilité matérielle établie. Tout ou partie de ces prescriptions deviendra immédiatement exigible dans le cas où des modifications à la construction ou à l'état des lieux en permettront l'exécution.

ART. 236.

Les établissements auxquels certaines tolérances temporaires avaient été accordées en vertu de l'article 111 de l'ordonnance de police du 1er septembre 1898 devront dans le délai d'un an se conformer, soit aux prescriptions concernant les établissements de 2e catégorie, soit à celles concernant les établissements de 1re catégorie.

ART. 237.

Sont rapportées toutes les dispositions des autres

ordonnances ou arrêtés qui seraient contraires à
la présente.

ART. 238.

La présente ordonnance sera imprimée, publiée
et affichée dans Paris et dans les communes du
ressort de la Préfecture de Police. Elle sera appo-
sée, au moins en extrait, dans des cadres grillés
placés en permanence sous les vestibules et dans
les corridors des théâtres, concerts et établissements analogues, sur les points où la circulation
n'en sera pas gênée.

Sont chargés d'en assurer l'exécution, chacun
en ce qui le concerne :

A Paris, le Directeur de la Police Municipale,
les Commissaires de police, Officiers de Paix et
autres préposés à la Préfecture de Police ;

Et dans les villes et communes du département
de la Seine et du département de Seine-et-Oise
placés sous Notre juridiction, les Maires, Commissaires de police et tous les agents de la force
publique ;

Le Colonel de la Garde Républicaine, le Colonel
de la Gendarmerie de la Seine et le Colonel commandant les Sapeurs-Pompiers sont requis de con
courir à son exécution.

Le Préfet de Police,
LÉPINE.

Par le Préfet de Police :
Le Secrétaire Général,
E. LAURENT.

www.ingramcontent.com/pod-product-compliance
Ingram Content Group UK Ltd.
Pitfield, Milton Keynes, MK11 3LW, UK
UKHW022053170726
13837UKWH00002B/929